小跳豆 Jumping Bean 幼兒 情緒 故事系列

# 我很害怕

U0111543

新雅文化事業有限公司
www.sunya.com.hk

# 小跳豆
## 幼兒情緒故事系列

### 跟着跳跳豆和糖糖豆一起學習情緒管理！

　　情緒是人類與生俱來的本能，是一種既複雜又難以言明的生理及心理反應。日常生活中，經常會發生一些令孩子情緒受困擾的事情，而很多時候，孩子都不懂得訴說自己的情緒狀態，更不能自己化解。大多數成年人都能接受正面的情緒，例如快樂、喜悅或驚喜，但卻難以接受，甚至傾向壓抑負面的情緒，例如生氣、害怕或難過。因此，家長也應該學習情緒管理，才知道如何有效地幫助孩子化解負面情緒。

　　《小跳豆幼兒情緒故事系列》共6冊，透過跳跳豆和糖糖豆的日常生活經歷，展現各種孩子經常出現的情緒，例如：生氣、害怕、難過、妒忌、想放棄和太興奮，並透過故事讓家長和孩子具體地認識情緒及學習適當地處理情緒的方法。

　　書後設有「我的感覺」和「我的選擇」兩個延伸活動。以書中的故事作基礎，透過親子互動和討論，讓孩子和父母進一步了解更多與情緒有關的學問，一起成為優秀的情緒管理者。

# 讓親子閱讀更有趣！

　　本系列屬「新雅點讀樂園」產品之一，若配備新雅點讀筆，爸媽和孩子可以使用全書的點讀和錄音功能，聆聽粵語朗讀故事、粵語講故事和普通話朗讀故事，亦能點選圖中的角色，聆聽對白，生動地演繹出每個故事，讓孩子隨着聲音，進入豐富多彩的故事世界，而且更可錄下爸媽和孩子的聲音來說故事，增添親子閱讀的趣味！

　　「新雅點讀樂園」產品包括語文學習類、親子故事和知識類等圖書，種類豐富，旨在透過聲音和互動功能帶動孩子學習，提升他們的學習動機與趣味！

想了解更多新雅的點讀產品，請瀏覽新雅網頁(www.sunya.com.hk)或掃描右邊的QR code進入 。

## 如何使用新雅點讀筆閱讀故事？

### 1. 下載本故事系列的點讀筆檔案

1. 瀏覽新雅網頁(www.sunya.com.hk) 或掃描右邊的QR code 進入  。

2. 點選 下載點讀筆檔案 ▶ 。

3. 依照下載區的步驟說明，點選及下載《小跳豆幼兒情緒故事系列》的點讀筆檔案至電腦，並複製至新雅點讀筆的「BOOKS」資料夾內。

### 2. 啟動點讀功能

開啟點讀筆後，請點選封面右上角的  圖示，然後便可翻開書本，點選書本上的故事文字或圖畫，點讀筆便會播放相應的內容。

### 3. 選擇語言

如想切換播放語言，請點選內頁右上角的 粵 ☆ 普 圖示，當再次點選內頁時，點讀筆便會使用所選的語言播放點選的內容。

## 4.播放整個故事

如想播放整個故事，請直接點選以下圖示：

## 5.製作獨一無二的點讀故事書

爸媽和孩子可以各自點選以下圖示，錄下自己的聲音來說故事！

1 先點選圖示上爸媽錄音 或 孩子錄音 的位置，再點 OK，便可錄音。

2 完成錄音後，請再次點選 OK，停止錄音。

3 最後點選 ▶ 的位置，便可播放錄音了！

4 如想再次錄音，請重複以上步驟。注意每次只保留最後一次的錄音。

爸媽請使用
這個圖示錄音

孩子請使用
這個圖示錄音

糖糖豆長大了，
她有自己的房間和小牀。

這天晚上，
媽媽給糖糖豆說完故事後，
就把燈關掉，
回她的房間去了。

不久，糖糖豆做了一個
很可怕的夢。
她夢見有一隻怪獸張大嘴巴，
露出尖尖的牙齒，
想要把她吃掉。

「哇⋯⋯哇⋯⋯」
糖糖豆坐在牀上大哭起來。
爸爸媽媽聽到哭聲後，
趕忙來到糖糖豆的房間。

糖糖豆哭着説：
「我不要一個人睡，
這裏有怪獸呀！」
媽媽摟着糖糖豆説：
「別怕，爸爸媽媽陪着你。」
糖糖豆躺在媽媽的懷裏，
不知不覺地睡着了。

第二天半夜，
糖糖豆又從睡夢中驚醒過來。
「救命呀！我的房間裏
又有怪獸了！
衣櫃裏、牀底下都有，
很可怕呀！」
她邊叫邊跑到爸爸媽媽的房間。

爸爸問糖糖豆：

「那些怪獸是不是有大大的嘴巴、

尖尖的牙齒？」

糖糖豆瞪大眼睛，

連連點頭答道：

「是呀！爸爸，你怎麼會知道？」

爸爸說：

「爸爸小時候也見過怪獸！

你知道有什麼辦法

可以趕走牠們嗎？」

糖糖豆想起故事書說

超人會打怪獸，就答道：

「是勇敢的超人！」

於是爸爸幫糖糖豆
披上小披肩，説：
「勇敢的超人，我們去找
怪獸吧！」
糖糖豆深呼吸了一下，
給自己壯膽。

接着，糖糖豆和爸爸去找怪獸。
糖糖豆打開了衣櫃，
掀起了被子，
又翻開了窗簾。
真奇怪！
怪獸竟然不見了。

糖糖豆高興地說：
「哈哈！怪獸一定是怕了我們，
所以逃走了！
我是勇敢超人！」

現在，糖糖豆感到自己很勇敢，
她再也不怕自己一個人睡了。
她每晚摟着她的超人小披肩，
睡得十分香甜呢。

# 我的感覺

小朋友，糖糖豆遇到下面這些事情時，心情怎麼樣？請參考提供的情緒詞彙，說說看。

 勇敢　 害怕　 猶豫　 高興

1.

夢見怪獸

2.

要去找怪獸

3.

發現怪獸不見了

## 給爸媽的話

跟孩子討論故事角色的情緒，可以幫助孩子學習理解他人的感受。家長可在這部分為孩子介紹描述情緒的詞彙，同時讓他們分享自己的感覺。

小朋友，如果你從睡夢中驚醒過來，你會選擇哪一個做法？
請說說看。

1.

大哭起來

2.

要爸爸媽媽
陪睡

3.

找人求救

4.

嘗試克服
可怕的東西

**給爸媽的話**

一般處理情緒的方法包括發洩、控制、轉移和疏導。家長可通過角色扮演的
方式，讓孩子能更深刻體會故事角色的遭遇，並選擇合乎自己需要的方式。

小跳豆幼兒情緒故事系列

# 我很害怕

原著：楊幼欣

改編：新雅編輯室

繪圖：何宙樺

責任編輯：趙慧雅

美術設計：陳雅琳

出版：新雅文化事業有限公司

香港英皇道499號北角工業大廈18樓

電話：(852) 2138 7998

傳真：(852) 2597 4003

網址：http://www.sunya.com.hk

電郵：marketing@sunya.com.hk

發行：香港聯合書刊物流有限公司

香港荃灣德士古道220-248號荃灣工業中心16樓

電話：(852) 2150 2100

傳真：(852) 2407 3062

電郵：info@suplogistics.com.hk

印刷：中華商務彩色印刷有限公司

香港新界大埔汀麗路36號

版次：二〇二一年三月初版

二〇二三年六月第三次印刷

ISBN: 978-962-08-7581-6

© 2021 Sun Ya Publications (HK) Ltd.

18/F, North Point Industrial Building, 499 King's Road, Hong Kong

Published in Hong Kong SAR, China

Printed in China